알록달록 예쁜 이불

곰 인형과 친구가 알록달록 예쁜 이불을 덮고 잠을 자요.
이불에 있는 줄무늬 모양을 따라 선을 그려 보세요.

KB019185

내가 좋아하는 물건

탁자 위에 내가 좋아하는 물건들을 올려놓았어요. 무엇이 있는지
말해 보고, 빈 곳에 글자 '가' 스티커를 붙여 보세요.

가방

가위

가지

숟가락

2 따뜻한 봄날

따뜻한 봄날, 누나와 함께 공원에 놀러 왔어요. 글자 '나'를 모두
찾아 예쁘게 색칠하고, 이름을 큰 소리로 읽어 보세요.

무엇의 이름일까?

이름에 '가'와 '나'가 들어 있는 낱말들이에요. 가운데의 낱말을
읽어 보고, 양쪽의 그림에서 어울리는 것을 골라 ○ 해 보세요.

나뭇잎

불가사리

나팔

가재

바나나

철봉 매달리기

동물 친구들이 놀이터에 모여서 철봉 매달리기 시합을 해요.
길쭉길쭉한 철봉 기둥을 따라 선을 그려 보세요.

연못가의 동물들

연못가에 귀여운 동물들이 옹기종기 모여 있어요. 빈 곳에
알맞은 동물 스티커를 붙이고, 이름을 큰 소리로 말해 보세요.

토끼

닭

병아리

오리

개구리

같은 동물 찾기

왼쪽의 사진을 잘 보고, 동물들의 이름을 큰 소리로 말해 보세요.
그리고 오른쪽에서 똑같은 동물을 찾아 바르게 연결해 보세요.

돼지

고양이

고양이

돼지

개

개

 **재미있는 동물원 구경**

친구들이 재미있는 동물원에 갔어요. 그림에 무엇이 있는지
말해 보고, 빈 곳에 글자 '다' 스티커를 붙여 보세요.

참 잘했어요

사 다 리

판 다

다 람쥐

다 리

8

숲속 탐험

탐험가가 숲속에서 사진을 찍고 있어요. 아래에서 글자 '라'를
모두 찾아 예쁘게 색칠하고, 이름을 큰 소리로 읽어 보세요.

코알 라

해바 라 기

고릴 라

카메 라

같은 글자 찾기

왼쪽의 그림을 잘 보고, 이름을 큰 소리로 말해 보세요. 그리고
오른쪽에서 같은 글자가 들어 있는 것을 골라 ○ 해 보세요.

바다　　　소나무　　　다리미

소라　　　라디오　　　다시마

보라　　　손가락　　　라면

뾰족뾰족 생선 가시

먹보 고양이가 생선을 배불리 먹고 가시만 남겼어요. 접시에
있는 **뾰족뾰족**한 생선 가시 모양을 따라 선을 그려 보세요.

물건들의 멋진 모양

물건들은 모두 저마다의 모양을 가지고 있어요. 빈 곳에 알맞은
물건 스티커를 붙이고, 모양 이름을 큰 소리로 읽어 보세요.

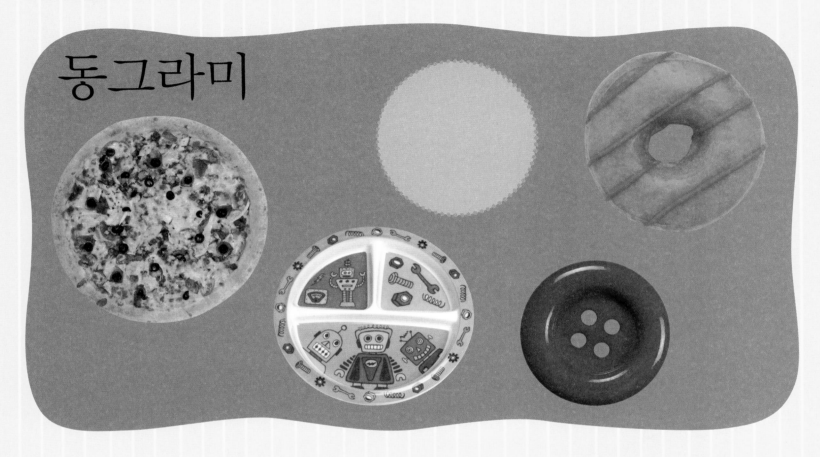

동그라미

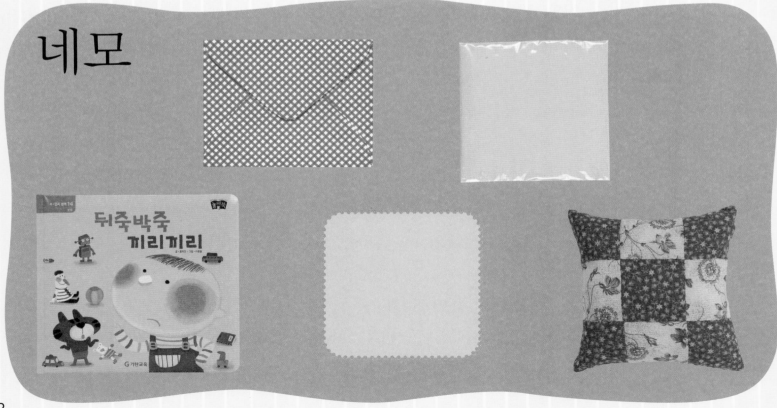

네모

세모

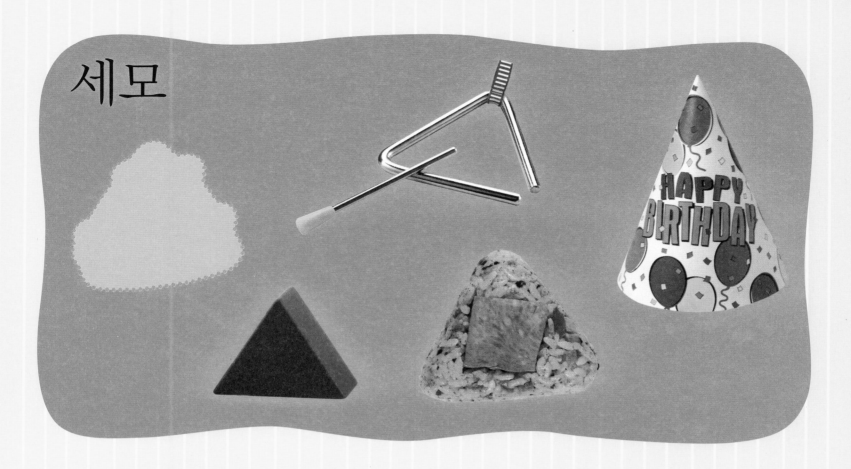

별

하트

옹기종기 예쁜 집

예쁜 집들이 모여 있는 마을이에요. 각 지붕에 무엇이 있는지
말해 보고, 같은 글자가 들어 있는 집끼리 〇로 묶어 보세요.

다람쥐

다리미

라디오

카메라

소라

가방

숟가락

나팔

가지

바나나

나비

아기 토끼의 생일

아기 토끼가 생일 선물을 받고 신이 났어요. 각 선물의 이름을
말해 보고, 빈 곳에 글자 '마' 스티커를 붙여 보세요.

고구마

토마토

치마

마이크

우리 집 마당

마당에서 친구와 고양이들이 놀고 있어요. 아래에서 글자 '바'를
모두 찾아 예쁘게 색칠하고, 이름을 큰 소리로 읽어 보세요.

바 지

바 퀴

바 구니

바 가지

알쏭달쏭 글자

이름에 글자가 한 개씩 빠져 있어요. 각 그림의 이름을 말해 보고,
빈칸에 똑같이 들어갈 글자를 오른쪽에서 골라 ○ 해 보세요.

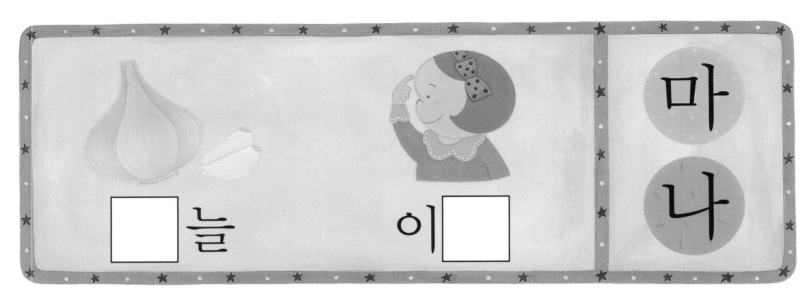

2 알록달록 색깔들

알록달록 여러 가지 색깔의 물건들이 있어요. 물건들을 잘 보고
색깔 이름을 예쁘게 색칠한 다음, 이름을 큰 소리로 읽어 보세요.

빨강

노랑

초록

파랑

폴짝폴짝 계단

강아지가 폴짝폴짝 뛰어서 계단을 내려가려고 해요. 강아지와
친구가 서 있는 계단 모양을 따라 선을 그려 보세요.

새콤달콤 맛있는 과일

〈보기〉의 사진은 어떤 과일의 무늬일까요? 여러 가지 과일의
이름을 큰 소리로 읽어 보고, 알맞은 과일을 찾아 ○ 해 보세요.

보기

딸기

포도

바나나

수박

배

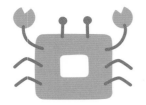

냠냠, 먹고 싶은 음식

동물들이 먹고 싶은 음식을 생각하고 있어요. 누가 무엇을 먹고
싶어 하는지 잘 보고, 빈 곳에 글자 '사' 스티커를 붙여 보세요.

쿨쿨, 꿈나라로!

아기가 꿈속에서 동물들과 즐겁게 놀아요. 아래에서 글자 '아'를
모두 찾아 예쁘게 색칠하고, 이름을 큰 소리로 읽어 보세요.

병아리　강아지

아빠　아기

창문에 그린 그림

창문에 멋진 그림이 그려져 있어요. 그림의 이름을 말해 보고,
빈칸에 들어갈 글자를 아래에서 골라 예쁘게 색칠해 보세요.

눈◻람

| 사 | 마 |

항◻리

| 가 | 아 |

피◻노

| 다 | 아 |

주◻위

| 사 | 나 |

주룩주룩 비 오는 날, 먹구름 사이로 번쩍번쩍 번개가 쳐요.
지그재그 번개 모양을 따라 선을 그려 보세요.

싱싱한 채소

우리 동네 채소 가게에는 여러 가지 싱싱한 채소들이 많아요.
바구니에 담긴 채소의 이름을 말해 보고, 예쁘게 색칠해 보세요.

달콤한 사탕

아기 토끼들이 알록달록 달콤한 사탕을 맛있게 먹고 있어요.
사탕에 있는 뱅글뱅글 무늬를 따라 선을 그려 보세요.

스케치북과 액자

왼쪽 스케치북에 있는 그림을 보고, 이름을 말해 보세요. 그리고
오른쪽 액자에서 같은 종류의 사진을 찾아 바르게 연결해 보세요.

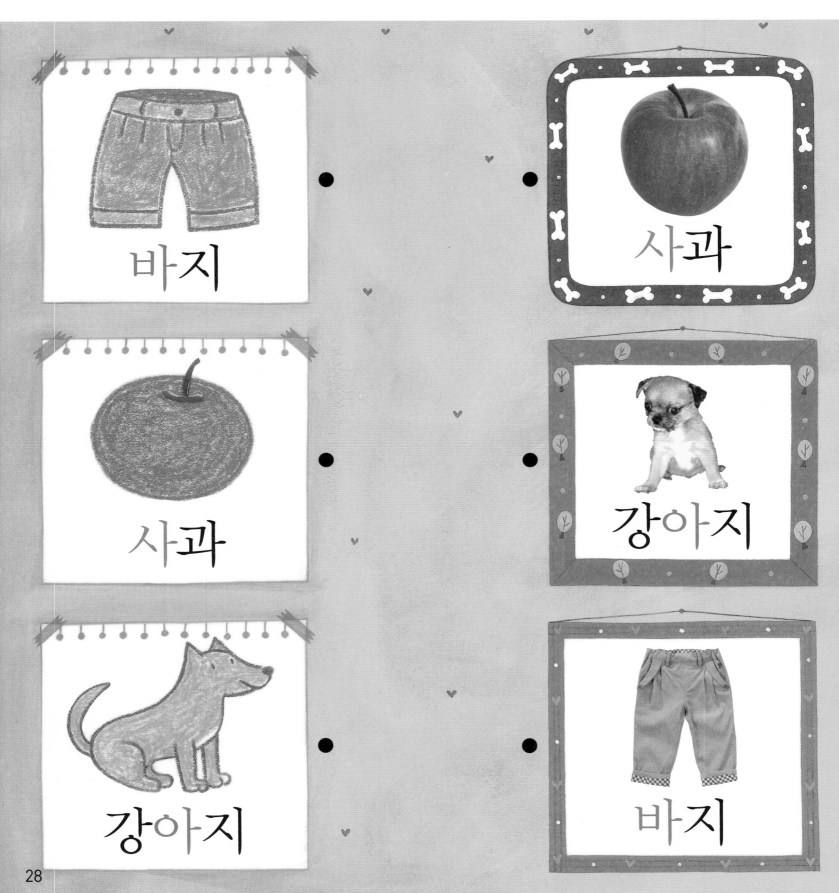

바지

사과

사과

강아지

강아지

바지

기구가 두둥실

친구들이 두둥실 기구를 타고 있어요. 바구니에 있는 글자를
읽어 보고, 그 글자가 들어 있는 스티커를 풍선에 붙여 보세요.

야호, 신 나는 하루

친구가 강아지와 함께 공원에서 신 나게 놀아요. 그림에 무엇이
있는지 말해 보고, 빈 곳에 글자 '자' 스티커를 붙여 보세요.

잠 자 리

자 동차

모 자

자 전거

고마운 탈것

우리를 도와주는 고마운 탈것들이에요. 아래에서 글자 '차'를
모두 찾아 예쁘게 색칠하고, 이름을 큰 소리로 읽어 보세요.

기차

구급차

경찰차

소방차

우리 가족의 물건

이름에 '자'와 '차'가 들어 있는 물건들이에요. 각각의 이름을 말해
보고, 이름에 같은 글자가 들어 있는 것끼리 ○로 묶어 보세요.

주전자

과자

의자

유모차

자동차

즐거운 놀이 시간

친구들이 장난감을 가지고 재미있게 놀아요. 빈 곳에 알맞은
장난감 스티커를 붙이고, 이름을 큰 소리로 읽어 보세요.

공

인형

나팔

블록

로봇

맛있는 핫도그

따끈따끈 핫도그 위에 새콤달콤 케첩을 뿌려서 맛있게 먹어요.
구불구불한 케첩 모양을 따라 선을 그려 보세요.

예쁜 내 옷

옷장 안에 알록달록 예쁜 옷들이 걸려 있어요. 빈 곳에 알맞은
옷 스티커를 붙이고, 이름을 큰 소리로 읽어 보세요.

점퍼

티셔츠

치마

바지

모자

솔솔 시원한 바람

방 안으로 시원한 바람이 솔솔 들어와요. 그림에 무엇이 있는지
말해 보고, 빈 곳에 글자 '카' 스티커를 붙여 보세요.

카 드

카 네이션

생일 축하해

하모니 카

머리 카 락

36

넓고 넓은 사막

탐험가가 사막에서 신 나게 노래를 불러요. 아래에서 글자 '타'를
모두 찾아 예쁘게 색칠하고, 이름을 큰 소리로 읽어 보세요.

타 조

낙 타

타 이 어

기 타

그림자 사진

꼬마 사진사가 그림자를 카메라로 찍었어요. 무엇의 그림자를
찍었는지 아래에서 찾아 바르게 연결하고 이름을 말해 보세요.

치타

넥타이

리어카

흔들흔들 스프링 인형

뚜껑을 열자 상자 속에서 피에로 스프링 인형이 툭 튀어나왔어요.
빙글빙글 재미있는 스프링 모양을 따라 선을 그려 보세요.

내가 좋아하는 탈것

부릉부릉 쌩쌩, 내가 좋아하는 탈것들이에요. 빈 곳에 알맞은
탈것 스티커를 붙이고, 이름을 큰 소리로 읽어 보세요.

참 잘했어요

기차

비행기

자동차

버스

자전거

배

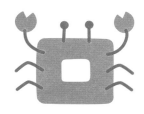

아슬아슬 서커스

동물들이 서커스에서 아슬아슬 신기한 묘기를 부리고 있어요.
크고 작은 동그라미 모양을 따라 선을 그려 보세요.

다람쥐와 바구니

다람쥐들이 커다란 바구니를 구경해요. 바구니에 있는 글자를
읽어 보고, 이름에 그 글자가 들어 있는 스티커를 붙여 보세요.

모자

자

차

카

타

커다란 돋보기

커다란 돋보기로 무엇을 들여다보았을까요? 오른쪽에서 알맞은
것을 찾아 바르게 연결하고, 이름을 큰 소리로 말해 보세요.

소방차

의자

하모니카

시원한 바닷가

친구들이 바닷가에서 신 나게 뛰어놀아요. 그림에 무엇이 있는지
말해 보고, 빈 곳에 글자 '파' 스티커를 붙여 보세요.

파 도

파 인애플

파 라솔

크레 파 스

 **2 아이, 졸려!**

누나와 동생이 동물원에 놀러 왔어요. 아래에서 글자 '하'를 모두
찾아 예쁘게 색칠하고, 이름을 큰 소리로 읽어 보세요.

칙칙폭폭 꼬마 기차

꼬마 기차가 여러 가지 물건을 싣고 칙칙폭폭 달려가요. 빈 곳에
알맞은 스티커를 붙이고, 이름을 큰 소리로 읽어 보세요.

숨은 물건 찾기

방 안 여기저기에 물건들이 놓여 있어요. 〈보기〉에 있는 물건의
이름을 말해 보고, 아래 그림에서 모두 찾아 ○ 해 보세요.

보기

라디오　　　모자　　　사탕　　　카메라

집으로 출발!

자동차를 타고 집으로 가요. 길을 따라가며 빈 곳에 알맞은 글자
스티커를 붙이고, '가'부터 '하'까지 글자를 큰 소리로 읽어 보세요.